MW01123240

THE LATIN FAKEBOOK

Art Direction: Brendan Walsh
Illustration: David Diaz

Contents

ACCIDENTAL MAMBO
From the Motion Picture THE MAMBO KINGS

By CARLOS FRANZETTI

ACERCATE MAS
(COME CLOSER TO ME)

English Lyric by
AL STEWART

Music and Spanish Lyric by
OSVALDO FARRES

ADIOS MUCHACHOS

Music by
SANDERS

ADIOS TRISTEZA
(BYE BYE TRISTEZA)

By VALLE and COLLA
Spanish Lyrics by
ANA GABRIEL

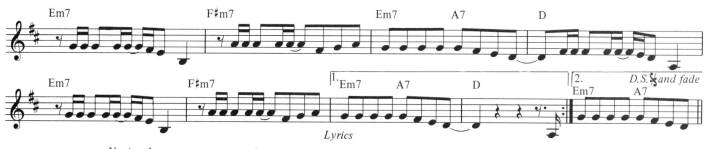

Ya siento que tu amor no es suficiente
Y asi contigo yo jamas sere feliz
Quiero separar lo que es real del sueno
Y me alejo de ti
Ya pienso mas en mi
No me digas que no
Si ya lo decidi

Yo no vin aqui a sufrir
Puedo andar el mundo sin ti
Quiero ser feliz, bye bye tristeza necesito volar

Ya quiero equivocarme sin pedir consejos
Si lloro o no
Culpar a nadie por mi error
Deseo conocerme sin mirar espejos

ADIOS

English Lyric by
EDDIE WOODS

Music and Spanish Lyric by
ENRIC MADRIGUERA

AE AO

Words by
TONY RENIS
and DEBBIE JAMES-CHACON
© 1988 TONY RENIS MUSIC PUBLISHING CORP.
All Rights Reserved

Music by
TONY RENIS, MASSIMO GUANTINI
and RHETT LAWRENCE

ALAGADOS

By VIANNA, RIBEIRO and BARONI

© 1986 by EDICOES MUSICAIS TAPAJOS LTDA.
All Rights controlled and administered by COLGEMS-EMI MUSIC INC.
All Rights Reserved

Lyrics

Todo dia
O sol da manhã vem e lhes desafia
Traz do sonho pro mundo quem já não queria
Palafitas, trapiches, farrapos
Filhos da mesma agonia

E a cidade
Que tem braços abertos num cartão postal
Com os punhos fechados da vida real
Lhes nega oportunidades, mostra a face dura do mal

Alagados, trenchtown, favela da maré
A esperança não vem do mar
Nem das antenas de tevê
A arte de viver da fé
Só não se sabe fé em que
A arte de viver da fé
Só não se sabe fé em que.

ALL THROUGH THE NIGHT

Words and Music by
COLE PORTER

AMANTES

By JULIO IGLESIAS, RAMON ARCUSA,
GIANNI BELFIORE and M. BALDUCCI

Additional Lyrics

Amantes
Con el coraje de siempre adelante
Vivir la vida entera a cada instante
Sin importarnos que murmuren y hablen.
Amantes
Con la conciencia de no ser culpables
Y el sentimiento de un amor tan grande
Saber que nadie puede separate.

AMAPOLA
(PRETTY LITTLE POPPY)

By JOSEPH M. LACALLE
New English Words by
ALBERT GAMSE

A MEDIA LUZ

By EDUARDO DONATO

A MEDIA NOCHE

By JOSE AVILES

AMOR

English Lyrics by
SUNNY SKYLAR
Spanish Lyric by
RICARDO LOPEZ MENDEZ

Copyright © 1941 by PROMOTORA HISPANO AMERICANA DE MUSICA, S.A.
Copyright Renewed
Copyright © 1943 by PROMOTORA HISPANO AMERICANA DE MUSICA, S.A.
Copyright Renewed by PEER INTERNATIONAL CORPORATION
International Copyright Secured   Made in U.S.A.   All Rights Reserved

Music by
GABRIEL RUIZ

ASA

By DJAVAN

ASI ME GUSTA

By FRANCISCO J. NAVARRO

BABALU
(Motivo Afro-Cubano)

Music and Spanish Lyric by
MARGARITA LECUONA
English Lyric by
S.K. RUSSELL

Slow and Barbaric

Chorus: Ah! Great Ba-ba-lu!___ I'm so lost and for-sak - en.___ Ah!

Great Ba-ba-lu!___ Bring back the love you've tak - en.___ You can re-

store all the dreams___ that once were mine___ If on - ly you'll use___ some mys - tic sign.___ Ah!

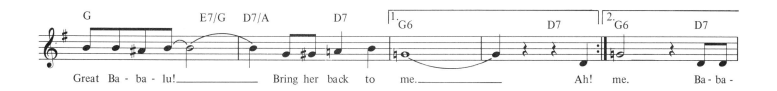

Great Ba-ba-lu!___ Bring her back to me.___ Ah! me. Ba-ba-

lu a - ye! Ba-ba - lu a - ye! Ba-ba - lu a-ye! Ba-ba - lu a - ye! Ba-ba - lu a - ye! Ba-ba-

lu a - ye! Ba-ba - lu a - ye! Ba-ba - lu a - ye! Ba-ba - lu a - ye! Ba-ba - lu a - ye!

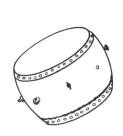

BAIA

Music and Portuguese Lyric by
ARY BARROSO

Slowly with expression

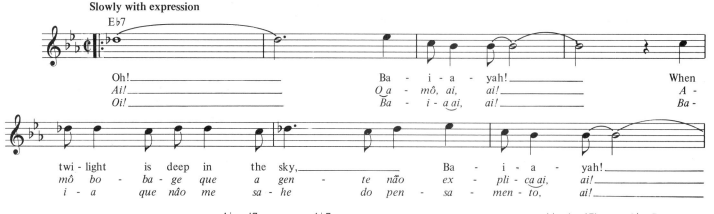

Oh!_____ Ba - i - a - yah!_____ When
Ai!_____ *O̲ a - mô, ai, ai!_____* *A -*
Oi!_____ *Ba - i - a ai, ai!_____* *A - Ba -*

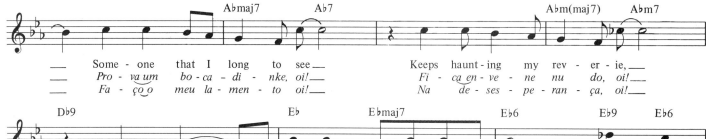

twi - light is deep in the sky,_____ Ba - i - a - yah!
mô bo - ba - ge que a gen - te não ex - pli - ca ai, ai!_____
i - a que não me sa - he do pen - sa - men - to, ai!_____

___ Some - one that I long to see ___ Keeps haunt - ing my rev - er - ie, ___
___ Pro - va um bo - ca - di - nke, oi!___ *Fi - ca en - ve - ne nu do, oi!___*
___ Fa - ço o meu la - men - to oi!___ *Na de - ses - pe - ran - ça, oi!___*

And so_____ the lone - li - ness deep in my heart calls to
E pro res - to da vi - du é um tal de so - ffer, o la -
De en - con - trá pré - sse mun - do o a - mô que eu per - di na Ba -

you, calls to you._____
rá, o le - ré._____
ía, vô con - oí._____

BANDEIRA DO DIVINO

By **IVAN LINS** and **VITOR MARTINS**

Moderately

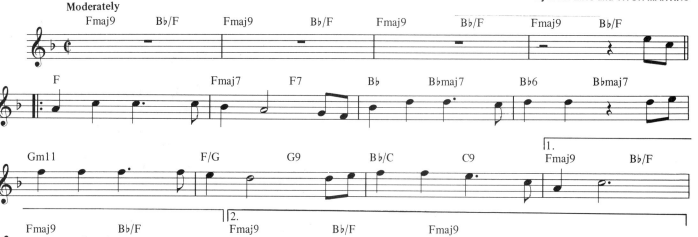

Lyrics

Os devotos do divino	A bandeira acredita	Assim como os três reis magos
Vão abrir sua morada	Que a semente seja tanta	Que seguiram a estrela guia
Pra bandeira do menino	Que essa mesa seja farta	A bandeira segue em frente
Ser bem-vinda, ser louvada	Que essa casa seja santa	Atrás de melhores dias
Deus vos salve, esse devoto	Que o perdão seja sagrado	No estardante vai escrito
Pela esmola em vosso nome	Que a fé seja infinita	Que ele voltará de novo
Dando água a quem tem sede	Que o homen seja livre	E o rei será bendito
Dando pão a quem tem fome	Que a justiça sobreviva	Ele nascerá do povo

BANG! BANG!

Words and Music by
JOE CUBA and JIMMY SABATER

BARROCO

By BEBU SILVETTI

BEAUTIFUL MARIA OF MY SOUL
("Bella Maria De Mi Alma") From the Motion Picture THE MAMBO KINGS

Lyric by
ARNE GLIMCHER

Music by
ROBERT KRAFT

In the sun-light of your smile, in the sum-mer of our life,
part, locked for-ev-er in a dream.

in the mag-ic of love storms a-bove scat-tered a-way.
If I ev-er love a-gain ev-en then, noth-ing will change.

Lov-ers dream-ing in the night, reach-ing for Par-a-dise. But as the
And the taste of you re-mains, cling-ing to Par-a-dise. But as the

dark shad-ows fade, love slips a-way. On an emp-ty stretch of

beach, in the pat-tern of the waves. Draw-ing pic-tures with my

hand in the sand, I see your face. Skip-ping peb-bles on the

sea, wish-ing for Par-a-dise. Sand cas-tles crum-ble___ be-

low, the rest-less tides ebb___ and flow.___ Lis-ten-ing to a shell, hop-ing for your

voice. Beau-ti-ful Mar-i-a of my soul,

oh, oh, oh. Though we'll al-ways be a-

dis-tance from you grows, all that my heart ev-er knows:___ Hun-ger for your

Spanish Lyrics

Si deseo sonreir
Pienso solamente en ti
En la magia de tu amor
En tu piel, en tu sabor

En la isla del dolor
Recuerdo tu calor
Desearia morir
Cerca de ti

Un ardiente corazon
Colorea mi pasion
Deseando compartir
El sentir de este vivir

En las oleas de este mar
Sueno en la eternidad
Con cada luna vendras
Con la merea te iras

En un caracol
Pienso oir tu voz
La bella Maria de mi amor

Anque esternos separados
En un sueno angelicar
Si llego de nuevo amar
No hay razon, porque cambiar

Temo yo permancer
Sin ti en la eternidad
Lejos nos puedon separar
Jamas pudiera olvidar
Tu risa celestial
Tus besos, tu calor
La bella Maria de mi amor

Si no te vuelva a ver
No dejaras de ser
La bella Maria de mi amor

**Spanish Translation by
ANTONIO BANDERAS,
JOHNNY PACHECO and GABRIEL RIERA**

Words by
MITCHELL PARISH

BLUE TANGO

Music by
LEROY ANDERSON

BEGIN THE BEGUINE

Words and Music by
COLE PORTER

Moderato

BIMBOMBEY

Words and Music by
MACK DAVID, HUGO PERETTI
and LUIGI CREATORE

BEIJO PARTIDO

By TONINHO HORTA

Lyrics

Sabe, eu não faço fé
Nessa minha loucura
E digo
Eu não gosto de quem me arruina em pedaços
E Deus é quem sabe de ti
E eu não mereço um beijo partido
Hoje não passa de um dia perdido no tempo
E fico
.Longe de tudo que sei
Não se fala mais nisso, eu sei
Eu serei pra você
O que não me importa saber
Hoje não passa de um vaso quebrado no peito
E grito
Olha o beijo partido
Onde estará a rainha
Que a lucidez escondeu
Escondeu

BESAME MUCHO

English Lyric by
SUNNY SKYLAR

Music and Spanish Lyric by
CONSUELO VELAZQUEZ

BLAME IT ON THE BOSSA NOVA

Words and Music by
BARRY MANN and CYNTHIA WEIL

BRAZIL

Brazilian Samba by
ARY BARROSO

Text in English by
S.K. RUSSELL

Now_____ When twi - light dims the sky a - bove,_____
Quero_____ ver a "sa - do - na" ca - mi - nhando,_____

___ Re - call - ing thrills of our love,_____ There's one thing I'm cer - tain of:__
___ Pe - los sa - lões ar - ras - tan - do, O seu ves - ti - do ren - da -

Re - turn _____ I will _____ To old _____
do, Bra - sil! _____ Bra - sil! _____ Prá mim _____

___ Bra - zil.   Bra -
___ Prá mim.

CALCUTTA

By HEINO GAZE

BONS AMIGOS

By TONINHO HORTA and
RONALDO BASTOS

Lyrics

Diz que vai sumir
Finge não me ouvir
Briga por brigar
O amor passou
O melhor passou
Fala por falar
Diz que vai morrer
Louca pra me ver chorar
Faz que se enganou
Perto de me perdoar

Mas se o tempo muda ela se faz mulher
Vem a saudade do que a gente é
Vem a vontade de estar junto e ser
O caso mais antigo
Mais que bons amigos samos
Muito mais que bons amigos

CAIS

By MILTON NASCIMENTO and
RONALDO BASTOS

Lyrics

Para quem quer se soltar	Eu queria ser feliz	Para quem quer me seguir
Invento o cais	Invento o mar	Eu quero mais
Invento mais que a solidão me dá	Invento em mim o sonhador	Tenho o caminho do que sempre quis
Invento lua nova a clarear		E um saviro pronto prá partir
Invento o amor		Invento o cais
Eu sei a dor de me lançar		E sei a vez de me lançar.

CANDIDO

By BILLY TAYLOR

BOSSA NOVA BABY

Words and Music by
JERRY LEIBER and MIKE STOLLER

Medium Bossa Nova

I said, "Take it eas - y, ba - by, I worked_ all day__ And my feet feel just like lead.__
"Hey, lit - tle ma - ma, let's__ sit down,_ Have a drink and dig the band."__
"Come on, ba - by, it's hot __ in here,_ And it's oh, so cool out - side. __

__ You got my shirt - tails fly - in' all o - ver the place_ And the sweat pop - pin' out of my head."_
__ She said, "Drink, drink, drink, oh fid - dle - de - dink,_ I can dance with a drink in my hand."_
__ If you lend me a dol - lar, I can buy some gas_ And we can go for a lit - tle ride."_

F9

__ She said, "Hey, Bos - sa No - va Ba - by, keep on work - in' 'Cause this ain't no time to quit."_
__ She said, "Hey, Bos - sa No - va Ba - by, keep on work - in' child. This ain't no time to drink."_
__ She said, "Hey, Bos - sa No - va Ba - by, keep on work - in' child, I ain't got time for that."_

C7

__ She said, "Go, Bos - sa No - va Ba - by, keep on danc - in' I'm a - bout to have my - self a fit."_
__ She said, "Go, Bos - sa No - va Ba - by, keep on danc - in' 'Cause I ain't got time to think."
__ She said, "Go, Bos - sa No - va Ba - by, keep on danc - in' Or I'll find my - self an - oth - er cat."_

C   Dm/C   C   Dm/C   C9   F9   G7

Bos - sa No - va,__   Bos - sa No - va.__

Repeat and fade

1.2. C7   3. C7   C   Dm/C   C   Dm/C   C7   F9   G7   C

I said,   Bos - sa No - va,_   Bos - sa No - va._

CAPIM

By DJAVAN

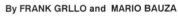

Lyrics

Capim do vale
Vara de goiabeira
Na beira do rio
Paro para me benzer
Mãe d'agua sai um pouquinho
Desse seu leito-ninho
Que eu tenho um carinho

Para lhe fazer
Pinheiros do paraná
Que bom tê - los
Como areia no mar
Mangas do Pará
Pitombeiras da Borborema
A ema gemeu

no tronco do juremá
Cacique perdeu
Mas lutou que eu vi
Jari não é Deus
Mas acham que sim
Que fim levou o amor?
Plantei um pé de fulô
Deu capim.

CHA CHA CHA AND GUAGUANCO

By FRANK GRLLO and MARIO BAUZA

CHERRY PINK AND APPLE BLOSSOM WHITE

French Words by JACQUES LARUE
English Words by MACK DAVID

Music by
LOUIGUY

It's Cher-ry Pink And Ap-ple Blos-som White_ When your true lov-er comes your way.

It's Cher-ry Pink And Ap-ple Blos-som white._ The po-ets say. The sto-ry goes that once a

cher-ry tree._ Be-side an ap-ple tree did grow. And there a boy once met his bride to be._

Long, long a - go. The boy looked in-to her eyes, It was a sight to en-thrall, The breez-es

joined in their sights. The blos-soms start-ed to fall. And as they gent-ly ca-ressed, The lov-ers

looked up to find. The branch-es of the two trees were in-ter-twined, And that is why the po-ets al-ways write._

If there's a new moon bright a - bove. It's Cher-ry Pink And Ap-ple Blos-som White_

When you're in love. It's Cher-ry Pink And Ap-ple love._

CHA CHA MAMBO

By TITO PUENTE

Words and Music by
VICTOR SCHERTZINGER
Spanish Words by
ROBERTO JOTA

CHALITA

CHIAPANECAS

CIELITO LINDO

Music by
CARLOS FERNANDEZ

I have been dream-ing, My heart has been schem-ing to cap-ture a vi-sion of Heav-en
Pá - ja - ro que a - ban - do - na. Su pri - mer ni - do su pri - mer ni - do.

I found a love-ly Heav-en 'Twas the Heav-en your kiss once gave to me.
Si lo en - cuen - tra o - cu - pa - do Cie - lito Lin - do bien me - re - ci - do.

Deep in my heart, There is a Heav-en, A place di-
Ay, Ay, Ay, Ay! Can - ta y no llo - res, Por - que can -

vine Where sun-light will shine As long as your love will cling to me!
tan - do se a le - gran Cie - li - to Lin - do los co - ra - zo - nes.

When we're a-part, I lose my Heav-en, For you a-
Ay, Ay, Ay, Ay! Can - ta y no llo - res, Por - que can -

lone can make it my own, This Heav-en just you can bring to me!
tan - do se a le - gran Cie - li - to Lin - do los co - ra - zo - nes.

CHIARINA

By NEAL HEFTI

Medium slow Latin

**Words by
SOL MEYER**

CHIQUITA BACANA

**Music by
JOAO DE BARRO and
ALBERTO RIBEIRO**

Tempo di Merengue

The spir-it is will-ing but the flesh is weak, I'd like to do the
Sam-ba like it's done in Mar-ti-nique; The spir-it is will-ing but my
lips won't speak 'cause I'm a-fraid to sam-ba like it's done in Mar-ti-nique. The

Mar-ti-nique fe-low must al-ways be wise,___ He knows that the Sam-
beau-ti-ful mai-den is close to my side,___ Her smile is the Smile___
last I sur-ren-der, we're danc-ing with ease___ And sway-ing as free___

ba is full of sur-prise;___ The Mar-ti-nique girl___ wants to
of a soon-to-be bride;___ She wants me to sam-ba and
as a tree in a breeze___ When all of a sud-den it's

be a good wife,___ She'll want you to sam-ba the rest of your life.___
try as I may___ The girl will not lis-ten to me as I say:___ } 1.2. The
nine-ty de-grees___ My heart is a-flame and I'm weak in the knees.___ 3. The

spir-it is will-ing but the flesh is weak, I'd like to do the
mu-sic is thrill-ing as it hits it's peak And now I know how

Sam-ba like it's done in Mar-ti-nique; The spir-it is will-ing but my lips won't
peo-ple fall in love in Mar-ti-nique; The spir-it is will-ing and we're cheek to

speak 'Cause I'm a-fraid to sam-ba like it's done in Mar-ti-nique. A nique.
cheek, Ca-ram-ba! When you sam-ba you're in love in Mar-ti-nique. At

CIRCO MARIMBONDO

By MILTON NASCIMENTO and
RONALDO BASTOS

Lyrics

Circo Marimbondo
Circo Marambaia
Eu chequei de longe
Não me atrapaia

Ve se não me amola
Larga minha saia
Circo Marimbondo
Circo Marambaia

Se eu te der um tombo
Tomara que caia
Circo Marimbondo
Circo Marambaia.

THE COFFEE SONG
(They've Got An Awful Lot of Coffee In Brazil)

Words and Music by
BOB HILLIARD and DICK MILES

COMECAR DE NOVO

By IVAN LINS and VITOR MARTINS

Lyrics

Começar de novo
E contar comigo vai valer a pena
Ter amanhecido
Ter me rebelado
Ter me debatido
Ter me machucado
Ter sobrevivido

Ter virado a mesa
Ter me conchecido
Ter virado o barco
Ter me socorrido

Começar de novo
E contar comigo
Vai valer a pena
Ter amanhecido

Sem as tuas garras
Sempre tão seguras
Sem o teu fantasma
Sem tua moldura

Sem tuas escoras
Sem o teu dominio
Sem tuas esporas
Sem o teu fascinio

Começar de novo
E contar comigo
Vai valer a pena
Ja ter te esquecido

Começar de novo...

COWBOY MAMBO

By JUSTI BARRETO

COMO UN DIA DE DOMINGO
(UM DIA DE DOMINGO)

By MICHAEL SULLIVAN
and PAULO MASSADAS
Spanish Lyrics by
DENISE De KALAFE

Lyrics

Es preciso conversar
Encuentrar cualquier momento
Y decirmos la verdad
Para empezar juntos de nuevo

Yo preciso respirar
Lo mismo aire que respiras
Y en mi piel quiero sentir
El mismo sol que te ilumina
Yo preciso conquistar cada espacio de tu cuerpo
Y cumpartir lo mismo sueno

Ya no quiero mas sangrar
Un sentimiento tan bonito
Yo preciso revivir
La emocion de estar contigo
Junto a ti amanecer
Y ver la vida florecer
Como un dia de domingo

Hace cuenta que aun es ciedo
Deja por las manos de la emocion
Hace cuenta que aun es ciedo
Deja hablar a ti la voz del corazon

THE CONTINENTAL
(You Kiss While You're Dancing)

Music by
CON CONRAD

COSAS DEL CORAZON
(COISAS DO CORACAO)

By EDUARDO LAGES and MARCOS VALLE
Spanish Lyrics by
ROBERTO LIVI

Lyrics

Yo te quiero de verdad
Y repito una y otra vez
Que te amo y siempre te amare
Ahora y despuses

Cuanto tiempo ya no se
No se me dien tiempo o una pasion
Mas te siento cada dia
Mas aqui en mi corazon

Cuantas cosas de los dos
Era dichas casi sin hablar
De repiente un gesto y nada mas
Dice te amo

Y sin nada prometer
Nos amamos sin querber saber
Si es paison
O si es un gran amor
Lo que sentimos hoy

Puede ser amor, puede ser pasion
Puede haver talvez otra explication
Yo se que quiero verte aqui
Simpre a mi lado

Puede ser amor, puede ser pasion
Para que buscar otra explicacion
Mi amor porque querer saber
Cosas del corazon

CRAVO E CANELA
(CLOVE AND CINNAMON)

By MILTON NASCIMENTO and
RENALDO BASTOS

Lyrics

E morena quem temperou,
Cigana quem temperou o cheiro do cravo
E cigana quem temperou,
Morena quem temperou a côr canela

CUMPARSITA

**English Words By
RUSSEL GOUDEY**

**Music by
G.H. MATOS RODRIGUEZ**

Tempo di Tango

A DAY IN THE LIFE OF A FOOL
(MANHA DE CARNAVAL)

Words by
CARL SIGMAN

Music by
LUIZ BONFA

Slow Bossa Nova

DAQUILO QUE EU SEI

By IVAN LINS and VITOR MARTINS

Lyrics

Daquilo que eu sei
Nem tudo me deu clareza
Nem tudo foi permitido
Nem tudo me deu certeza

Daquilo que eu sei
Nem tudo foi proibido
Nem tudo me foi possivel
Nem tudo foi concebido

Não fechei os olhos, não tapei os ouvidos
Cheirei, toquei, provei, ah, eu usei todos os sentidos
Só não lavei as mãos, e é por isso que eu me sinto
Cada vez mais limpo, cada vez mais limpo, cada vez mais limpo.

DE CORAZON A CORAZON

By BEBU SILVETTI and ROBERTO LIVI

Medium Latin

Lyrics

1. Tu y yo solo tu y yo
   Una noche acompanandonos
   Tu y yo solo tu y yo
   La luna acariciandonos
   Corazon, corazon
   Dos latidos con un mismo amor
   Junto a ti, junto a mi
   Ese amor esta diciendo si

   Por que en la vida no hay nada mejor
   Que estar enamorados sitiendo el calor
   De un beso que nos damos con toda pasion
   Y un mundo de emocion
   Por que en la vida no hay nada mejor
   Que quando estamos juntos solitos los dos
   Que quando murmupanos palabras de amor
   De corazon a corazon

2. Tu y yo solo tu y yo
   Besando y abrazandonos
   Tu y yo solo tu y yo
   Y un yo solo tu y yo
   Y un fuego consumiendonos
   Corazon, corazon
   Dos latidos con mismo amor
   Junto a ti, junto a mi
   Ese amor esta diciendo si

Words by
JACK LAWRENCE
Spanish Words By
LEOPOLDO GONZALEZ

DELICADO
(Baiao)

Music by
WALDYR AZEVEDO

DENGOZO

By ERNESTO NAZARETH

Tempo di Maxixe

Words by
JULIO IGLESIAS and
RAMON ARCUSA

DE NIÑA A MUJER

Music by
TONY RENIS

DERECHO VIEJO

By EDUARDO AROLAS

SLIGHTLY OUT OF TUNE
(DESAFINADO)

English Text By
JON HENDRICKS
and **JESSIE CAVANAUGH**
Original Text By
NEWTON MENDONCA

Music by
ANTONIO CARLOS JOBIM

DESPUES DE TI

By JULIO IGLESIAS, RAMON ARCUSA
and MANUEL DE LA CALVA

Des-pués de ti no en-con-tra-ré quién me com-pren-da quién me quie-ra a-si o-tra
mi se que di-rán que has en-con-tra-do quién o-cu-pe mi lu-

vez, des-pués de ti ya no sa-bré de-cir las co-sas que te di-je a-ti u-na vez. Des-pués de
gar, des-pués de mi te con-ta-rán que no fui el hom-bre que te su-po e-na-mo-

rar. Me a-cos-tum-bré a tu que-rer me a-cos-tum-bré a ti mu-jer, ___

y aho-ra que es-tás le-jos de mi que cues-ta a-rri-ba se me ha-rá vi-vir sin tí.

Des-pués de tí me que-da-rá so-lo la som-bra de u-na som-bra que se va des-pués de

tí me ro-ba-rán has-ta el si-len-cio que de-jó tu so-le-da. Me a-cos-tum-bré a tu que-

rer me a-cos-tum-bré a ti mu-jer, ___ des-pués de ti que voy a ha-

cer^ Ya no sa-bré vi-vir sin ti mu-jer.

U-na vez más te es-pe-ra ré te bus-ca-ré don-de tu es-tés,

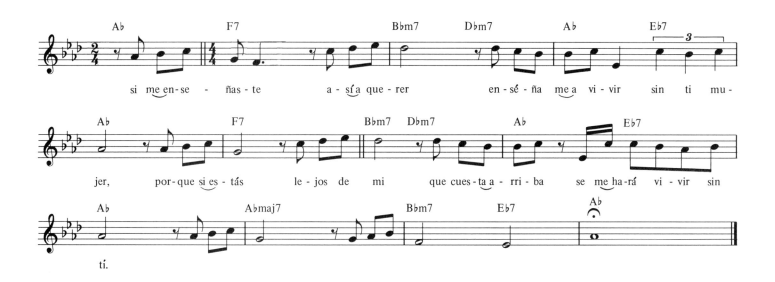

si me en-se - ñas-te a - sí a que - rer en-sé - ña me a vi - vir sin ti mu -

jer, por-que si es - tás le - jos de mi que cues-ta a - rri - ba se me ha-rá vi - vir sin

tí.

DINORAH, DINORAH

By IVAN LINS and VITOR MARTINS

Lyrics

Quando a turma reunia
Alguém sempre pedia
Ah! Dinorah, Dinorah!

E o malandro descrevia
E logo já se via
Ah! Dinorah, Dinorah!

E até que ela chegasse
A um motel de classe
Ah! Dinorah, Dinorah!

Dava um frio na barriga
E pé pra muita briga
Ah! Dinorah, Dinorah!

E nos spelhos ela se despe
Dança nos olhos uma chacrete
E o pessoal na pior: Repete!

Mas o verdaderio fato
Está dentro do quarto
Ah! Dinorah, Dinorah!

Ele abre o seu armário
E vê no calendário
Ah! Dinorah, Dinorah!

E se abrala em frente a ela
O terno é o corpo dela
Ah! Dinorah, Dinorah!

Desenhando na lapela
A boca, o bejio dela
Ah! Dinorah, Dinorah!

DON QUIXOTE

By MILTON NASCIMENTO
and CESAR MARIANO

Lyrics

Não se alcança sozinho, remando contra a maré
Só completa o carinho se o outro também quiser
E por tras da canção o que há
São vidas em movimento, é aço e paz
É muito mais, é ter e dar
É muito mais

Só se for por fraqueza o sonho não corta o mal
Só lavando a sujeira, o chão se harmoniza ao pé
Se o Livro da Vida é o prazer
Aninha as mãos companheiras
E o amor se acenderá pra quem quiser
Se astenderá

Não entendo saudade de um caminho
Que há muito se acabou
Tenho as linhas da mão inexploradas ainda
E são quantas, são tantas
Que noticia não há quem desvendou
O mais sábio dos homens
Se pergunta ainda:
De onde eu sai?
Me ensina a sentir!

Coração de ator, de bailarino, do som, do seu cantor
Tem atrás mil pessoas, mão de obra e suor
Tem mulher, tem amigo, tem menino
Tem cor de multidão
Tem o vento que sopra no destino um sabor
Que manda sequir!
Que deixa ele ir

Fecho contigo, te quero até
Enquanto o céu quiser
Fecho contigo
No que o amor disser

Fecho contigo, te quero até
Depois que o céu quiser
Seja utopia
O que o amor disser.

EL CUMBANCHERO

Spanish Words and Music by
RAFAEL HERNANDEZ

EL CHOCLO
(Tango Argentine)

By A.G. VILLOLDO

EL WATUSI

By RAY BARRETTO

Moderato Calypso

EL PITO
(I'LL NEVER GO BACK TO GEORGIA)

By JAIME SABATER and JOE CUBA

EL RELICARIO
(My Toreador)

English Words By
WM. CARY DUNCAN

Music by
JOSE PADILLA

ENCONTROS E DESPEDIDAS

By MILTON NASCIMENTO and
FERNANDO BRANT

Lyrics

Mande noticias do mundo de lá	Tem gente que vem
Diz quem fica	E quer voltar
Me dê um abraço	Tem gente que vai
Venha me apertar	E quer ficar
Tô chegando	Tem gente que veio
	Só olhar
Coisa que gostso	Tem gente a sorrir
É poder partir	E a chorar
Sem ter plano	
Melhor ainda	E assim chegar
É poder voltar	E partir
Quando quero	São só dois lados da mesma viagem
	O trem que chega
Todos os diaś	É o mesmo trem da partida
É um vai e vem	
A vida se repete	A hora do encontro
Na estação	É também despedida
Tem gente que chega	A platafoma desta estação
Pra ficar	
Tem gente que vai	É a vida desse meu lugar
Pra nunca mais	É a vida desse meu lugar
	É a vida

ESY

By TITO PUENTE

FERNANDO

Words and Music by
**BENNY ANDERSSON, BJORN ULVAEUS
and STIG ANDERSON**

ESTRELLITA
(Little Star)

By MANUEL PONCE

FE CEGA FACA AMOLADA

By MILTON NASCIMENTO
and RONALDO BASTOS

FRENESI

English Lyric by
RAY CHARLES and
S.K. RUSSELL

Music and Spanish Lyric by
ALBERTO DOMINGUEZ

FROM THE LONELY AFTERNOONS

By MILTON NASCIMENTO and
FERNANDO BRANT

Fast Samba

FRUSTRATION

By NEAL HEFTI

Slow Rhumba

GENTLE RAIN

By LUIZ BONFA and MATT DUBEY

Moderate Bossa

GRANADA

English Lyric by
DOROTHY DODD

Music and Spanish Lyric by
AGUSTIN LARA

64

GUANTANAMERA

Music Adaptation by
PETE SEEGER

Moderately

Guan - ta - na - me - ra   gua - ji - ra Guan - ta - na - me - ra

Guan - ta - na - me - ra   gua - ji - ra Guan - ta - na - me - ra!   Yo soy un

hom - bre sin - ce - ro   De don - de cre - ce la pal - ma   Yo soy un

hom - bre sin - ce - ro   de don - de cre - ce la pal - ma   Yan - tes de

mo - rir - me quie - ro   E - char - mis ver - sos del al - ma.

HABANERA

By GEORGES BIZET

Moderately

HEY

By JULIO IGLESIAS,
GIANNI BELFIORE,
M. BALDUCCI and
RAMON ARCUSA;

Additional Lyrics

3. Hey
   Recuerdo que ganabas siempre tú
   Que hacías de este triumfo una virtud
   Yo era sombra y tu luz.

4. Hey
   No sé si tú también recordarás
   Que siempre que intentaba hacer la paz
   Yo era un rio en tu mar.

HOW INSENSITIVE (INSENSATEZ)

Original Words by
VINICIUS DE MORAES
English Words by
NORMAN GIMBEL

Music by
ANTONIO CARLOS JOBIM

Moderately

I GET A KICK OUT OF YOU

Words and Music by
COLE PORTER

68

I MUST KNOW

By NEAL HEFTI

IL BACIO
(The Kiss)

By LUIGI ARDITI

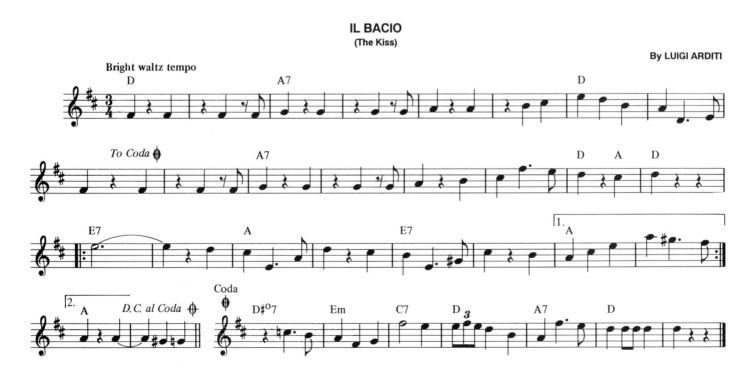

IN CALIENTE

Lyrics by
MORT DIXON

Music by
ALLIE WRUBEL

IN VERADERO

By NEAL HEFTI

Moderate Samba (in 2)

Words by
NORMAN GIMBEL

KILLING ME SOFTLY WITH HIS SONG

Music by
CHARLES FOX

Moderately

I heard_ he sang_ a good_ song,   I heard he had_ a style   And so_ I came_
I felt_ all flushed_ with fev - er   em-bar-rassed by_ the crowd   I felt_ he found_

_ to see_ him to lis - ten for a - while._   And there_ he was_ this young_ boy
_ my let - ters and read each one out loud._   I prayed_ that he_ would fin - ish

a stran - ger to_ my eyes._ } Strum-ming my pain_ with his fin - gers._ Sing-ing my life_ with his words._
but he just kept_ right on._

_ Kill-ing me soft - ly with his_ song, Kill-ing me soft - ly with his_ song. Tell-ing my whole_ life_ with his

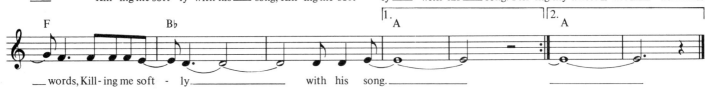

_ words, Kill-ing me soft - ly._   with his song._

JALOUSIE
(Jealousy)

Words by
VERA BLOOM

Music by
JACOB GADE

JUNTOS LOS DOS DANZA

By FRANCISCO J. NAVARRO

LA BAMBA

By Adaptation and Arrangement
RITCHIE VALENS

LA CINQUANTAINE

By GABRIEL-MARIE

LA CUCARACHA
Mexican Folk Song

La Cu-ca-ra - cha La Cu-ca-ra-cha,___ Ya no pue-de cam-i - nar,_____ Por que no ti - en-e, Por-que le fal - ta,___ Ci - gar-il-los que fu-mar. La Cu-ca- ra - cha,___ La Cu-ca-ra-cha,___ Ya no pue-de cam-i - nar,___ Por que no tie - ne, Por-que le fal - ta,___ Ci - gar-il-los que fu - mar. En la tier-ra de la rum - ba,___ To - dos sa-ben, to-dos bai - lan. Es - te bai-le que re-tum - ba,___ Que a chor-a vam-os a can tar. La Cu-ca-

LA GOLONDRINA

**Words and Music by
NARCISCO SERRADELL**

A don de i-ra___ re-loz y fa-ti ga - da, la go-lon-dri na que de-a-qui se va, - oh! Si en el vien - to ge-mi-ra angus-tia da bus-can-do abri - go y no lo encon-tra ra. Jun-to a mi le - cho le pon dre___ su ni - do en don-de pue-da la es-ta-cion pa-sar. Tam-bien yo es-toy en la re-gi-on per-di - do, Oh! cie-lo san-to y sin po-der vo-lar.___

LA SORELLA

By CH. BOREL-CLERC

LA VEEDA
(La Vida)

Words by NAT VINCENT
Spanish Words by CAMILA CARDONA

Music by
JOHN ALDEN

LA VIOLETERA
(Who'll Buy My Violets?)

By JOSE PADILLA

THE LADY IN RED

Words by
MORT DIXON

Music by
ALLIE WRUBEL

Lyric by
HARRY DUPREE

LISBON ANTIGUA

Music by
RAUL PORTELA, J. GALHARDO and
A. DO VALE

LEJOS DE TI DANZA

By FRANCISCO J. NAVARRO

LIKE A LOVER
(O CANTADOR)

Words by
ALAN and MARILYN BERGMAN

Music by
DORY CAYMMI

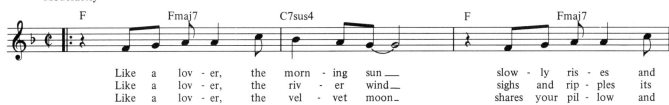

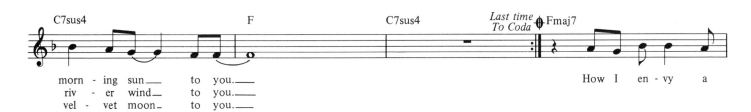

THE LOOK OF LOVE

Words by
HAL DAVID

Music by
BURT BACHARACH

LOVE DANCE

By IVAN LINS, GILSON PERANZETTA
PAUL WILLIAMS

DANCING IN THE DARK

Words by HOWARD DIETZ
Music by ARTHUR SCHWARTZ

LOVE FOR SALE

Words and Music by
COLE PORTER

Moderato

LUNA DE CRISTAL
(LUA DE CRISTAL)

By MICHAEL SULLIVAN
and PAULO MASSADAS
Spanish Lyrics by
GABRIELA CARBALLO

Lyrics

Todo puede ser
Basta con querer

Siempre un sueno hay para sonar
Todo puede ser
Tan solo hay que creer
Todo lo que deba ser sera

Todo lo que hare
Sera mejor que lo que hice ayer
Por eso mi destino buscare
Andando mil caminos sin temer

Que puedo querer
Que dios desde alla arriba no me de
Con algo de coraje y mucha fe
No habba nada imposible de vencer

Vamos junto a ti
Seremos invencibles hasta el fin
Juntos somos mas
Y nadie puede hacernos nunca mal

Vamos junto a ti
Seremos invencibles hasta el fin
Un sueno volador
Me hace cantar de amor

Luna de cristal
Dejame sonar
Quiero ser estrella
Yo ya se brillar

Luna de cristal
Nueva de pasion
Haz que sea mi vida
Llena de emocion

LUZ

Words and Music by
DJAVAN

Lyrics

No burro a canga
Na menina a tanga
O verde do mar é um
Verde num toque quase azul
Do infinito ao zoom...

Marelou...
Candomblé Oxum
Zamburar prá tirar egum
O que não se vê
Tá ai
Como tudo o que há
Minha fé riu-se de mim
Pelo quanto triste
Eu falei de dor
Como se no fundo
Da dor
Não vivesse a paixão

Mal-me-quer...
A vida segue seu lamento
Um tanto flor
Um leito de rio
No cio
Um cheiro de amor
É amor
Quando não diz
E fogo por um triz
Um trem entrou no meu "Eu"

E divagou feliz...
E na dor
Eu passo um giz
Arco-irisando a solidão
Na lição
Que o sol me traduz:

Viver da própria luz.

MAMBO NO. 5

By PEREZ PRADO

Moderately

MAMBO NO. 8

By PEREZ PRADO

Brightly

MAMBO CALIENTE
From the Motion Picture THE MAMBO KINGS

By ARTURO SANDOVAL

MAMBO RAMA

By TITO PUENTE

MANDOLINA
Mexican Serenade

MANOEL, O AUDAZ

By TONINHO HORTA and
FERNANDO BRANT

Lyrics

Se já nem sei o meu nome
Se eu já não sei parar
Viajar é mais, eu vejo mais
A rua, luz, estrada, pó
O jipe amarelou
Manoel, o audaz
Manoel, o audaz
Manoel, o audaz
Vamos lá, viajar
E no ar livre, corpo livre
Aprender ou mais tentar
Manoel, o audaz
Manoel, o audaz
Iremos renta, vamos aprender
Vamos lá

MARIA ELENA

English Lyric by
S.K. RUSSELL

Music and Spanish Lyric by
LORENZO BARCELATA

MAS QUE NADA

Music and Original Portuguese
Lyrics by JORGE BEN

MATILDA

Words and Music by
NORMAN SPAN

friends, but what to do? Now lis-ten how de wom-an draft a clue.

Ma - til - da, she take me mon-ey and gone Ven-e-zue la!

DO YOU KNOW THE WAY TO SAN JOSE

Words by HAL DAVID
Music by BURT BACHARACH

Moderately, rhythmically

Do you know the way to San Jo - se? I've been a - way so long. I may go
You can real - ly breathe in San Jo - se. They've got a lot of space. There'll be a

wrong and lose my way. Do you know the way to San Jo - se? I'm go - ing back to
place where I can stay. I was born and raised in San Jo - se. I'm go - ing back to

find some peace of mind in San Jo - se. L. A. is a great big free - way.
find some peace of mind in San Jo - se. Fame and for-tune is a mag - net.

Put a hun-dred down and buy a car. In a week may - be
It can pull you far a - way from home. With a dream in your

two, they'll make you a star. Weeks turn in - to years. How quick they pass,
heart you're nev - er a - lone. Dreams turn in - to dust and blow a - way,

(Tacet)

and all the stars that nev - er were are park - ing cars and pump - ing gas.
and there you are with - out a friend. You pack your car and ride a - way.

1.   2.

I've got lots of friends in San Jo - se.

Do you know the way to San Jo - se?

Can't wait to get back to San Jo - se.

Repeat and fade

(Tacet)

MARIA, MARIA

By MILTON NASCIMENTO and
FERNANDO BRANT

Lyrics

Maria, Maria
É um dom, uma certa magia
Uma força que nos alerta
Uma mulher que merece viver e amar
Como outra qualquer do planeta

Maria, Maria
É o som, é a cor, é o sour
É uma dose mais forte, lenta
De uma gente que ri quando deve chorar
E não vive, apenas aguenta

Mas é preciso ter força
É preciso ter raça
É preciso ter gana sempre
Quem traz no corpo uma marca
Maria, Maria
Mistura a dor e alegria

Mas é preciso ter manhã
É preciso ter graça
É preciso ter sonho sempre
Quem traz na pele essa marca
Possue a estranha mania de ter fé na vida.

MEU MESTRE CORACAO
(HEART IS MY MASTER)

By MILTON NASCIMENTO and
FERNANDO BRANT

Lyrics

Coraçao
Meu tambor do peito, meu amigo cordial
Fez de mim um amador
Que por um carinho sobe até ao Redentor
O rio que corre em mim
Vem dessa nascente seu leito natural
O amor que existe em mim
Vem desse caminho de vida que ele me traçou

Por me saber de cor
Me leva no tempo para o mundo conhecer
Território da paixão
Coração me ensina a coragem de viver
Me joga no mer de amar
Nessa água boa eu irei navegar
E eu sou um aprendiz
Que segue seu mestre aonde ele for

E o meu mestre é o meu coração
Meu tambor do peito, meu amigo cordial
Fez de mim um amador
Que por um carinho sobe até ao Redentor
O rio que corre em mim
Vem dessa nascente seu leito natural
O amor que existe em mim
Vem desse caminho que ele me traçou

Meu mestre é o coração
Meu tambor do peito, meu amigo cordial
Vida e paixão

MEXICAN HAT DANCE
Folk Song

MILAGRE DOS PEIXES
(Miracle Of The Fishes)

By MILTON NASCIMENTO and
FERNANDO BRANT

Lyrics

Eu vejo estes peixes e vou de coração
Eu vejo estes matas e vou de coração
A natureza
Telas falam colorido
De crianças coloridas
De um gênio, televisor
E no andor de nossos novos santos
O sinal de velhos tempos:
Morte, morte, morte ao amor.
Eles não falam do mar e dos peixes
Nem deixam ver a moça, pura canção
Nem ver nascer a flor, nem ver nascer o sol
Eu apenas sou um a mais, um a mais
A falar dessa dor, a nossa dor
Desenhando nessas pedras
Tenho em mim todas as cores
Quando falo coisas reais
E num silencio dessa natureza
Eu que amo meus amigos
Livre, quero poder dizer;
Eu tencho estes peixes e dou de coração
Eu tencho estes matas e dou de coração.

MIS AMORES

By BEBU SILVETTI and
ROBERTO LIVI

Lyrics

Los amores que he tenido
Pasa el tiempo y yo los
Vuelvo a recordar
Son momentos que he vivido
Situaciones imposibles
De olvidar
Emociones que senti
Porque siempre yo al amor
Le dije si
Mis amores yo lo se
Son amores que jamas olvidare

No me pregunten cual, ha sido el mejor
A todas ellas le entregue el corazon
No me pregunten con quien fui mas feliz
No se los voy a decir
No se los puedo decir
No me pregunten cual ha sido mejor
Es imposible comparar tanto amor
Pues todas ellas fueron algo especial
Y fuimos tal para cual
Y fuimos tal para cual

Los amores que he tenido
Han llenado de alegria mi vivir
Son recuerdos, son historias
Sentimientos tan bonitos de asumir
No se niega una pasion
Cuando esta comprometido el corazon
Mis amores yo lo se
Son amores que jamas olvidare

MISIRLOU

English Words by FRED WISE,
MILTON LEEDS and S.K. RUSSELL

Title & Music by
N. ROUBANIS

THE MOON WAS YELLOW
(El Amor Llamo)

Words by
EDGAR LESLIE

Music by
FRED E. AHLERT

Words by
JULIO IGLESIAS and
RAMON ARCUSA

MOMENTOS

Music By
TONY RENIS

De no-che nos pa-sá-ba-mos las ho-ras _____ ha-blan-do de mil co-sas por ha-
Te a cuer-das de las ve-ces que di-ji-mos _____ que na-da nos po-dri-a se-pa-

cer, y a ve-ces en pe-que-ñas dis-cu-sion-es lle-ga-ba a-ma-ne-cer;
rar, el vien-to que es-cu-cha-ba tus pa-la-bras can-ta-ba tu can-tar.

Y siem-pre a-ma-ne-ci-a con un be-so y tú _____ des pues me pre-pa-ra-bas un ca-
Y yo me co-bi-ja-ba por tu cuer-po y tú _____ e-cha-bas los sen-ti-dos a vo-

fé y yo me des-pe-di-a ca-da di-a so-ñan-do con vol-ver.
lar, per-di-dos en la no-che y el si-len-cio so-ñan-ba-mos so-ñar.

Pa-ra-ba-mos el tiem-po dia a di-a _____ que-ri-a des-cu-brir-te ca-da
La vi-da se ha-ce siem-pre de mo-men-tos,_____ de co-sas que no sue-les va-lo-

vez; pren-di-do de tu vi-da y tu pren-di-da de la mi-a el mun-do pa-re-ci-a a nues-tros
rar; y lue-go cuan-do pier-des cuan-do al fin te has da-do cuen-ta, el tiem-po no te de-ja re-gre-

pies. Ya vez que to-do pa-sa, quien di-ri-a; _____ ya ves que po-co que-da del a-yer: a-
sar Ya vez que to-do pa-sa, quien di-ri-a; _____ ya ves que po-co que-da por con-tar: a-

pe-nas los re-cuer-dos, mo-men tos que no vuel-ven o-tra vez. más.
pe-nas los re-cuer-dos, mo-men-tos que no vuel-ven nun-ca

MUST I SAY ADIOS
(Amor Querido)

Words by
AL BRYAN
Spanish Version by
XAVIER CUGAT

Music by
EDWARD WARD

MI CABALLERO
(From the Warner Bros. Picture "TORRID ZONE")

Words by
JACK SCHOLL

Music by **M.K. JEROME**

MUCHACHA

Words by
E.Y. HARBURG

Music by
JAY GORNEY and VERNON DUKE

NADA SERA COMO ANTES

By MILTON NASCIMENTO and
RONALDO BASTOS

Lyrics

Eu já estou com o pé nessa estrada
Qualquer dia a gente se vê
Sei que nada será como antes amanhã
Que noticias me dão dos amigos?
Que noticias me dão de voce?
Alvoroço em meu coração
Amanha ou depois de amanhã
Resistindo na boca da notice noti noite um gosto de sol

Num domingo aualauer
Qualquer hora
Ventania em qualquer direção
Sei que nada sera como antes amanhã
Que noticias me dão dos amigos?
Que noticias me dão de voce?
Sei que nada será como está, amanhã
Ou depois de amanhã
Resistindo na boca da noite um gosto de sol.

NASCENTE

By FLAVIO VENTURINI and
MURILO ARTUNES

Lyrics

Clareia manhã
O sol vai esconder a clara estrela
Ardente
Perola do céu refletindo teus olhos
A luz do dia a contemplar teu corpo
Sedento
Louco de prazer e desejos
Ardentes

NIGHT AND DAY

Words and Music By
COLE PORTER

104

NIGHT RITUAL

By TITO PUENTE

NOS BAILES DA VIDA

By MILTON NASCIMENTO and
FERNANDO BRANT

Lyrics

Foi nos bailes da vida
Ou num bar em troca de pão
Que muita gente boa pôs o pé na profissão
De tocar um instrumento e de cantar
Não se importando se quem pagou quis ouvir
Foi assim

Cantar era buscar o caminho
Que vai dar no sol
Tenho comigo as lembranças do que eu era
Para cantar nada era longe, tudo tão bom
Até a estrada de terra na boléia de caminhão
Era assim

Com a roupa encharcada
A alma repleta de chão
Todo artista tem de ir aonde o povo está
Se foi assim, assim será
Cantando me desfaço
E não me canso de viver
Nem de cantar.

NO ME GUSTA QUE LO SEPAN

By IGNACIO TEJADA

Danza Habanero

tacet

NOS DOIS
(The Two Of Us)

By LUIZ AVELLAR and
MILTON NASCIMENTO

Moderately

Lyrics

Relação coração pé no chão
Inda bem que existe essa rima
Devoção, geração armação
Que começa onde a história termina

Vem me ver, eu te peço, amor
Vem, começa onde a sol ilumina

Gente existe, é bom, é puro
É o que tem de ser
Quero que você me veja
Quero ser, mas com você

Relação, devoção, emoção
Por favor, acredita e me ensina
Eu sou paz, sou você, nem sei mais
Sou depois de onde a história termina

Eu sou paz, sou você nem sei mais
Sou depois de onde a história termina
É preciso
É

ONE NOTE SAMBA
(Samba De Uma Nota So)

Original Words By
NEWTON MENDONCA
English Lyrics by
ANTONIO CARLOS JOBIM

Music by
ANTONIO CARLOS JOBIM

ONE-TWO-THREE-KICK
(Conga)

Words by
AL STILLMAN

Music by
XAVIER CUGAT

Come, do the Cu - ban Con - ga;— Learn that Cu - ban Con - ga

with that cer - tain k - ick._ One - Two - Three - Kick;_ One - Two - Three - Kick_

Come, fol - low mis - ter lead - er;— Tell your gal you need her,—

and you need her qu - ick._ One - Two - Three - Kick_ One - Two - Three - Kick._

If you are get - ting no - where_ And you wan - na go where_

you've a chance to click;_ Might as well try that Lat - in me - tre_

on your se - ño - ri - ta;— That may do the trick._ If you

find, when you hold her clos - er,— That she hol - ers "No, Sir!"_

That's the time to k - ick!_ One - Two - Three - Kick_ One - Two -

Three - Kick._

OYE COMO VA

Words and Music by
TITO PUENTE

Moderately

O - ye Co-mo Va,   mi rit - mo, Bue - no pa go - zar,   mu - la - ta.

PATRICIA

Words by
BOB MARCUS

Music by
PEREZ PRADO

PARA LOS RUMBEROS

Words and Music by
TITO PUENTE

PONTA DE AREIA

By MILTON NASCIMENTO and
FERNANDO BRANT

Lyrics

Ponta de Aréia ponto final
da Bahia - Minas estrada natural
Que ligava Minas ao potro, ao mar
Caminho de ferro mandaram arrancar
Velho maquinista com seu boné

Lembra o povo alegre que vinha cortejar
Maria - fumaça não canta mais
Para mocas, flores, janelas e quintais
Na praca vazia um grito um ai
Casas esquecidas viuvas nos portais.

PERO PORQUE?

By JOSE AVILES

PLAYERA
(Op. 5, No. 5)

By ENRIQUE GRANADOS

POINCIANA
(Song Of The Tree)

Words by
BUDDY BERNIER

Copyright © 1936 by EDWARD B. MARKS MUSIC CORP.
Copyright Renewed, controlled by CHAPPELL & CO. in the U.S.A. only
International Copyright Secured   All Rights Reserved

Music by
NAT SIMON

Blow_____ trop-ic wind,_____ Sing a song_____ thru the tree.

Tree,_____ sigh to me._____ Soon my love_____ I will see._____ Poin-ci-

an - a_____ your branch-es speak to me of love._____ Pale moon

___ is cast-ing shad-ows from a - bove._____ Poin-ci- an - a,_____ some-how I feel the jun-gle heat.

___ With - in me_____ there grows a rhyth-mic sav-age beat._____

Love is ev-'ry-where, it's mag-ic per-fume fills the air._____ To and fro you sway, my

heart's in time, I've learned to care._____ Poin-ci- an - a,_____ though skies may turn from blue to

gray._____ My love_____ will live for-ev- er and a day._____

English Lyric by
MILTON LEEDS

Copyright © 1939 & 1941 by PEER INTERNATIONAL CORPORATION
Copyrights Renewed
International Copyright Secured   Made in U.S.A.   All Rights Reserved

PERFIDIA

Spanish Words and Music by
ALBERTO DOMINGUEZ

To you,_____ my heart cries out, "Per - fi - di - a,"_____ For I found you,the
Mu - jer,_____ si pue - des tú con Dios ha - blar,_____ pre - gún - ta - le si

love of my life, in some-bod-y else - 's arms;_____ Your eyes_____ are ech - o - ing "Per -
yo al - gu - na vez te he de - ja - do de a - do - rar. Y el mar,_____ es - pe - jo de mi

fi - di - a,"_____ For-get-ful of our prom-ise of love, you're shar-ing an-oth-er's charms._____ With a
co - ra - zón,_____ las ve - ces que me ha vis - to llo - rar la per - fi - dia de tu a - mor._____ Te he bus-

Dm	Dm6	Dm7	Dm6	E F7 E F7 E7 F7 E7

sad la-ment, my dreams have fad-ed like a bro-ken mel-o-dy;_____ While the
ca-do don-de quie-ra que yo voy y no te pue-do ha-llar._____ Pa-ra

Dm	Dm6		G7	E B7-5 E	Dm7 Fm6 G7

gods of love look down and laugh at what ro-man-tic fools we mor-tals be;_____ And
qué quie-ro o-tros be-sos si tus la-bios no me quie-ren ya be-sar?_____ Y

C Am7	Dm7	G7	C	3	Am7	Dm7	G7

now_____ I know my love was not for you,_____ And so I'll take it
tú_____ ¡Quien sa-be por don-de an-da-rás,_____ quién sa-be qué a-ven-

C	3	Am7	Dm7	3	G9	C Ab9	C6/9

back with a sigh, per-fid-i-ous one, good-bye._____
tu-ra ten-dras, qué le-jos es-tás de mí!_____

PALOMA BLANCA

Words and Music by
HANS BOUWENS

Moderately

F	Bb	F	Bb

When the sun shines_____ on the moun-tains and the night is on the run,_____
feel the_____ morn-ing sun-light; I can smell the new-mown hay._____
had my_____ share of los-ing; once they locked me on a chain._____

F	Bb	F	C7

_____ it's a new day, it's a new_____ way, and I fly up to the sun._____
_____ I can hear God's voic-es call-ing from my gold-en sky-light way._____
_____ Yes, they tried to break my pow-er; oh, I still can feel the pain._____

F	1.	2.3.	F	Bb

_____ I can
_____ U-na Pal-o-ma Blan-ca,_____
_____

F	Bb

I'm just a bird in the sky._____ U-na Pal-o-ma Blan-ca,_____

F	C	F	Fine

D.S. al Fine

o-ver the moun-tains I fly;_____ No one can take_____ my free-dom a-way._____ Once I

POR ELLA

By JULIO IGLESIAS, RAMON ARCUSA
and MANUEL DE LA CALVA

Additional lyrics

3. Por ella
Si yo alguna vez fuí un loco
Y a consejos me hice el sordo, fué por ella.
Y aunque fuera solo un poco
Si algun dia fui celoso, fué por ella,
Si cambié tanto de pronto
Y me enamoré del todo fué por ella.

4. Por ella
Si he vivido una aventura
De locura y de ternura, fué por ella.
Y si sufro la tortura
De un cariño que aun me dura, es por ella,
Y si todos se preguntan
Por quién canto mi amargura, es por ella.

POR QUE?

By CAVALDO FRESEDO

PREGUNTALES A LAS ESTRELLAS
Traditional

English Words by
PAT BOONE
Italian Words by
A. TESTA
© 1962 RITMI E. CANZONI
© 1962 WARNER BROS. INC.
Copyrights Renewed
All Rights Reserved

QUANDO, QUANDO, QUANDO
(Tell Me When)

Music by
TONY RENIS

REPETITION

By NEAL HEFTI

© 1947 WB MUSIC CORP. (Renewed)
All Rights Reserved

QUE RICO EL MAMBO
(Mambo Jambo)

Music by
PEREZ PRADO

QUEIXA

By CAETANO VELOSO

Lyrics

1. Um amor assim delicado
   Você pega e despreza
   Não o devia ter desperatado
   Ajoelha e reza
   Dessa coisa que mete medo
   Pela sua grandeza
   Não sou o único cúlpado
   Disso eu tenho certeza

   Princesa
   Surpresa
   Você me arrasou
   Serpente
   Nem sente que me envenenou
   Senhora e agora
   Me diga onde eu vou
   senhora serpente
   Princesa

2. Um amor assim violento
   Quando torna-se magoa
   É o avesso de um sentimento
   Oceano sem água
   Ondas desejos de vingança
   Nessa desnatureza
   Batem forte sem esperança
   Contra a tua dureza

   Princesa
   Surpresa
   Você me arrasou
   Serpente
   Nem sente que me envenenou
   Senhora e agora
   Me diga onde eu vou
   Senhora serpente
   Princesa

3. Um amor assim delicado
   Nenhum homen daria
   Talvez tenha sido o pecado
   Apostar na alegria
   Você pensa que eu tenho tudo
   E vazio me deixa
   Mas deus não quer que eu fique mudo
   E eu te grito essa queixa

   Princesa
   Surpresa
   Você me arrasou
   Serpente
   Nem sente que me enveneou
   Senhora e agora
   Me diga onde eu von
   Amiga
   Me diga

QUIERO AMANECER CON ALGUIEN

By DANIELA ROMO and BEBU SILVETTI

1. Que sensacion extraña
   Que soledad tan larga
   La luna que me llama
   Amor que me reclama
   Que magico poder
   Estaba yo distante
   Pero hoy quiero volver
   Volver a enamorarme
   A compartir con alguien
   Todo lo que hay en mi

   Quiero amanecer con algien
   Que en la lucha por regirme me seduzca
   Que separe bien mi cuerpo de mi mente
   Que sepa como amarme, que no quiera cambiarme
   Quiero amanecer con alguien
   Que me intuya solamente con mirarme
   Que me busque al sentirse vulnerable
   Que sepa como amarme, que no quiero cambiarme

2. Y mi razon se calla
   Mi corazon le llama
   No quiere mas ausencias
   Y busca una presencia
   Que lo haga aun latir
   Que importa lo que pase
   Que importa lo que fui
   Porque la vida es una
   Y aun contra corriente
   Yo quiero preseguir

   Quiero amanecer con alguien
   Cuya fuerza me defienda de mis dudas
   Que no rompa mis silencios con preguntas
   Que sepa como amarme que no quiera cambiarme
   Quiero amanecer con alguien
   Que en las noches se confunda con mi sombra
   Que comprenda que explicarse esta de sobra
   Que sepa como amarme
   Que no quiera cambiarme

QUIET NIGHTS OF QUIET STARS
(CORCOVADO)

English Words by
GENE LEES

Original Words and Music by
ANTONIO CARLOS JOBIM

QUIZAS, QUIZAS, QUIZAS

English Words by
JOE DAVIS

Spanish Words and Music by
OSVALDO FARRES

A RAINY NIGHT IN RIO

Words by
LEO ROBIN

Music by
ARTHUR SCHWARTZ

RIO
(Samba)

Words and Music by
OSWALDO SANTIAGO
and **ALCYR PIRES VERMELHO**
English Words by MACK DAVID

Tempo di Samba

Ri - o, where the heav-ens greet you and the stars come out to meet you while the breez-es sigh, "I love you." Where they in-vite you with their glanc-es, sly lit-tle winks mean how are chanc-es. Ri - o, where your puls-es tin-gle and it's no fun to be sin-gle. When the moon is bright a-bove you, un-der the mag-ic of a sweet se-re-nade, you'll find good neigh-bors can be made. In Ri - o! Ri - o! Ri - o! Oh, Ri - o! So if you wan-na live and love a while and do it South A-mer-i-ca-no style, come down to Ri-o and you'll find that you're right at the door to par-a-dise.

(Instrumental)

SAMBA DE ORFEU

Words by
ANTONIO MARIA

Music by
LUIZ BONFA

Samba

SAN SOUCI

BY NEAL HEFTI

SAN VICENTE

By MILTON NASCIMENTO and
FERNANDO BRANT

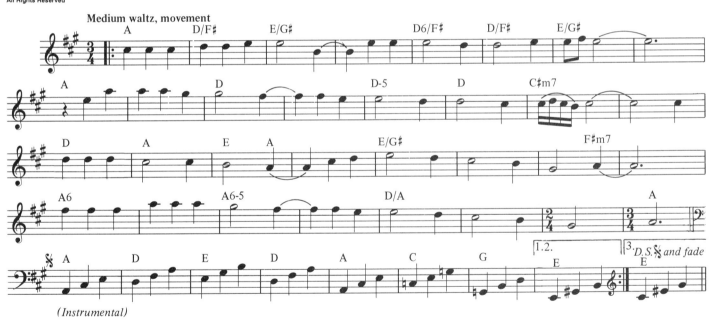

(Instrumental)

Lyrics

Coração americano	A espera na fila imensa	As horas não se contavam
Acordei de um sonho estranho	E o corpo negro se esqueceu	E o que era negro anoiteceu
Um gosto vidro e corte	Estava em San Vicente	Enquanto se esperava
Um sabor de chocolate	a cidade e suas Iuzes	Eu estava em San Vicente
No corpo e na cidade	Estava em San Vicente	Enquanto acontecia
Um sabor de vida e morte	As mulheres e os homens	Eu estava em San Vicente
Coração americano	Coração americano	Coração americano
Com sábor de vidro e corte.	Com sabor de vidro e corte.	Com sabor de vidro e corte.

SETEMBRO
(BRAZILIAN WEDDING SONG)

Words and Music by
IVAN LINS and
GILSON PERANZZETTA

SHE'S A LATIN FROM MANHATTAN

Words by
AL DUBIN

Music by
HARRY WARREN

SI MADAME

By JULIO IGLESIAS, GIANNI BELFIORE,
RAMON ARCUSA, DARIO FARINA and EZIO PIGGIOTTA

SINA

Music by
DJAVAN

Lyrics

Pai e mãe
Ouro de mina
Coraçao
Desejo e sina
Tudo mais
Pura rotina
Jazz...
Tocarei seu nome
Prá poder
Falar de amor
Minha princessa
Art nouveau
Da natureza
Tudo mais
Pura beleza
Jazz...

A luz de um grande prazer
É irremediável
Neon
Quando o grito do prazer
Açoitar or ar
Reveillon... o luar
Estrela do mar
O sol e o dom
Quiçá um dia
A furia
Desse front
Virá
Lapidar o sonho
Até gerar o som
Como querer
Caetanear
O que há de bom.

SOMEONE TO LIGHT UP MY LIFE
(Se Todos Fossem Iguais A Voce)

English Lyrics by
GENE LEES
Original Text By
VINICIUS DE MORAES

Music by
ANTONIO CARLOS JOBIM

SUMMER SAMBA
(SO NICE)

English Words by
NORMAN GIMBEL

Original Words and Music by
MARCOS VALLE and
PAUL SERGIO VALLE

then give his heart to me. Some-one Who's read-y to give love a start with me. Oh yes, that would be so nice. Should it be you and me, I could see it would be nice. nice.

Speak Low

Words by
OGDEN NASH

Music by
KURT WEILL

Rhumba or Beguine

Speak Low when you speak, love, Our sum-mer
Low dar-ling, Speak Low, Love is a
late, dar-ling, we're late, The cur-tain de-

day with-ers a-way too soon, too soon. Speak Low,
spark lost in the dark, too soon, too soon. I feel
scends, ev-'ry-thing ends, too soon, too soon, I wait,

when you speak, love Our mo-ment is swift, like ships a-
where-ev-er I go that to-mor-row is near, to-mor-row is

drift, we're swept a-part too soon. Speak soon.
here and al-ways too

Time is so old and love so brief, Love is pure gold and

time a thief. We're

dar-ling, I wait,

Will you Speak Low to me, speak love to me and soon.

SOLEDAD
(SOLIDADO)

By CHICO ROQUE and CARLOS COLLA
Spanish Lyrics by
ANA GABRIEL

Lyrics

1. Soledad
   De un tiempo va salindo
   De repiente estoy sentiendo
   Que contigo estoy muy mal

2. Soledad
   Algo nuevo esta faltando
   El temor esta llegando
   Ambrazando todo en mi, en mi, en mi

   Mas soledad, que nada
   Porque llega sin llamarla
   Cuando ya no la quiero aqui
   Mas soledad, que nada
   Yo preciso ser amada
   Necesito ser feliz

3. Soledad
   El me dice que me ama
   Se amarro a mi con calma
   Me hace suya y se me va, va, va

SOMOS TODOS IGUAIS NESTA NOITE

By IVAN LINS and VITOR MARTINS

Lyrics

Somos todos iguais nesta noite
Na frieza de um riso pintado
Na certeza de um sonho acabado
É o circo de novo

Nós vivemos debaixo do pano
Entre espadas e rodas de fogo
Entre luzes e a dança das cores
Onde estão os atores?

Pede á banda pra tocar um dobrado
Olha nos outra vez no picadeiro
Pede á banda pra tocar um dobrado
Vamos dançar mais uma vez
Pede á banda pra tocar um dobrado
Olha nós outra vez no picadeiro
Pede á banda pra tocar um dobrado
Vamos entar mais um vez

Samos todos iguais nesta noite
Pelo ensaio diario de um drama
Pelo medoo da chuva e da lama
É o circo de novo

Nós vivemos debaixo do pano
Pelo truque mall feito das magos
Pelo chicole dos domadores
E o rufar dos tambores

SOUTH AMERICA, TAKE IT AWAY

Words and Music by
HAROLD ROME

SOUTH AMERICAN WAY

Words by
AL DUBIN

Music by
JIMMY McHUGH

SPANISH EYES

Words by
CHARLES SINGLETON
and EDDIE SNYDER

Music By
BERT KAEMPFERT

THE SUMMER KNOWS
(Theme from "SUMMER OF 42")

Words by
MARILYN and ALAN BERGMAN

Music by
MICHEL LEGRAND

The sum-mer smiles,___ The Sum-mer Knows, And un-a-shamed,__ she sheds her clothes. The sum-mer smoothes__ the rest-less sky, And lov-ing-ly__ shy warms the sand__ on which you lie.___ The Sum-mer Knows,__ the sum-mer's wise, She sees the doubts__ with-in your eyes, and so she takes__ her sum-mer time, Tells the moon to wait and the sun to lin-ger, Twists the world 'round her sum-mer fin-ger, Lets you see the won-der of it all. And if you've learned__ your les-son well, There's lit-tle more__ for her to tell, One last ca-ress,___ it's time to dress for fall.___

TANGO IN D

SWAY

English Lyric by
NORMAN GIMBEL

Spanish Words and Music by
PABLO BELTRAN RUIZ

Moderato

F#°7   B7   F#°7   B7   Em

When ma-rim-ba rhy-thms start to play,   dance with me,   make me sway,—
Quien se - rá la que me quie-ra a mi   Quien se - rá   Quien se - rá—

C9+11 C9 B9   C9+11 C9 B7-9   Em6 B7-9 Em6

Like the la - zy o-cean hugs the shore,   hold me close,   sway me more.—
Quien se - rá la que me dé su a-mor   Quien se - rá   Quien se - rá—

F#°7   B7   F#°7   B7   Em

— Like a flow-er bend-ing in the breeze,   bend with me,   sway with ease,—
Yo no sé si la po-dré en-con-trar   yo no sé   yo no sé—

C9+11 C9 B9   C9+11 C9 B7-9

When we dance you have a way with me,   stay with me,
Yo no sé si vol-ve-ré a que-rer   Yo no sé

Em6 B7-9 Em6   G6   Bb°7   D7

sway with me.—   Oth-er dan-cers may be on the floor,   dear, but my eyes will
Yo no sé—   He que-ri-do vol-ver a vi-vir   la pa-sión y el ca-

G   B7   D#°7

see on-ly you,—   On-ly you have that mag-ic tech-nique,—
lor de o-tro a-mor—   de o-tro a-mor que me hi-cie-ra sen-tir—

B7   Em   C9 B7-9   Em

— when we sway I grow weak.   I can hear the sound of
que me hi-cie-ra fe-lix co-mo a-yer lo fuí quien se-rá la que me

F#°7   B7   F#°7   B7   Em

vi-o-lins,   long be-fore   it be-gins,—   Make me thrill as on-ly
quie-ra a mí   Quien se-rá   Quien se-rá—   Quien se-rá la que me

1.
C9+11 C9 B9   C9+11 C9 B7-9   Em6 B7-9 Em6 Em C7 Em

you know how,   sway me smooth,   sway me now,—   When ma-rim-ba rhy-thms
dé su a-mor   Quien se-rá   Quien se-rá—   Quien se-rá la que me

2.
Em6 B7-9 Em6   C   B7   Em

sway me now.—   Sway me smooth, sway me now.
Quien se-rá—   Quien se-rá, quien se-rá.

TABOO

English Lyric by
S.K. RUSSELL

Music by
MARGARITA LECUONA

Moderato (with pronounced rhythm)

TARDE

By MILTON NASCIMENTO and
MARCIO BORGES

Lyrics

Das sombras quero voltar
Somente aprendi muita dor
E vi com tristeza o amor
Morrer devagar, se apagar
Qeuro voltar
Poder da saudade não ter
Não ver tanta gente a vagar
Sem saber viver
Vou sem parar
Das tardes mais sós renascer
E mesmo se a dor encontrar
Sabendo o que sou
Não quero mais perdão
Porque já sofri demais

TEA FOR TWO

Words by
IRVING CAESAR

Music by
VINCENT YOUMANS

TEQUILA

By CHUCK RIO

(Spoken:) "Tequila!"

(Shout:) "Tequila!"

TICO TICO
(Tico-Tico No Fuba)

Portuguese Lyrics by
ALOYSIO OLIVEIRA
English Lyrics by
ERVIN DRAKE

Music by
ZEQUINHA ABREU

Bright Samba tempo

Oh Ti-co-Ti-co tick!__ Oh Ti-co-Ti-co tock! This Ti-co-
O ti-co-ti-co tá,__ tá ou-tra vex a-qui,__ o ti-co-

Ti-co he's the cuck-oo in my clock. And when he says:"Cuck-oo!"__ he means it's
ti-co tá co-men-do o meu fu-bá. Si o ti-co-ti-ço tem,__ tem que se a-

time to woo;__ It's "Ti-co-time" for all the lov-ers in the block. I've got a
li-men-tar,__ Que vá co-mer u-mas mi-nho-cas no po-mar. O ti-co-

heav-y date__ a tete-a-tete at eight,__ so speak, oh Ti-co, tell me is it get-ting
ti-co tá__ tá ou-tra vez a-qui,__ o ti-co-ti-co tá co-men-do o meu fu-

late? If I'm on time:"Cuck-oo!"__ but if I'm late,"Woo-woo!"__ The one my heart has gone to may not want to
bá. Eu sei que el-le vem__ vi-ver no meu quin-tal,__ e vem com a-res de ca-ña-rio e de par-

wait! For just a bir-die, and a bir-die who goes no-where, He knows of ev-'ry Lov-ers' Lane and how to
dal. Mas por fa-vor ti-ra es-se bi-cho do ce-lei-ro, por que el-le a-ca-ba co-men-do o fu-bá in-

go there; For in af-fairs of the heart,__ my Ti-co's ter-ri-bly smart,__ He tells me:
tei-ro. Ti-ra es-se ti-co de lá,__ de ci-ma do meu fu-bá.__ Tem tan-ta

"Gent-ly, sen-ti-ment-'ly at the start!" Oh-oh, I hear my lit-tle Ti-co-Ti-co
fru-ta que el-le po-de pi-ni-car. Eu já fiz tu-do pa-ra ver se con-se-

call-ing, Be-cause the time is right and shades of night are fall-ing. I love that
gui-a. Bo-tei al-pis-te pa-ra ver si el-le co-mi-a. Bo-tei um

not-so-cuck-oo cuck-oo in the clock: Ti-co-Ti-co Ti-co Ti-co Ti-co tock.__
ga-to um es-pan-to-lho e um al-ça-pão, mas el-le a-cha que o fu-bá é que é bo-a a-li-men-ta-ção.__

Spanish Words By
FERNAN SANCHEZ
English Words By
HERBERT THOMPSON

TU (You)

Music by
EDUARDO SANCHEZ DE FUENTES

Lyrics:
In Cu - ba,_____ fair - est is - land of pines and of palms, With their fra - grance o'er - lad - en,_____
En Cu - ba_____ Is - la her - mo - sa del ar - dien - te sol Ba - jo su cie - la a - zul

For em - braced she has been in Dame Na - ture's fond arms and en - dow'd with her charms; In Cu - ba,_____
A - do - ra - ble tri - gue - ña de to - das sus flo - res la rei - na e - res tú En Cu - ba,_____

_____ 'neath her sky so az - ure and se - rene, Dwells my beau - ti - ful maid - en,_____ Of the flow - ers that
_____ is - la her - mo - sa del ar - dien - te sol Ba - jo su cie - lo a - zul A - do - ra - ble tri -

bloom in that gar - den so green, My bru - nette, you're the queen. On flam - ing al - tar
que - ña de to - das sus flo - res la rei - na e - res tú. Fue - go sa - gra - do

has your heart been en - shrin'd, In fires be - at - i - fied It is ev - er con -
guar - da tu co - ra - zón El cla - ro cie - lo Su a - le - gri - a te

fined. _____ Nor heav'n did fal - ter In your eyes to in - fuse
dió. _____ Y en tus mi - ra - das ha con - fun - di - do Dios

All the light of the sun and the night And the sky's bright - est hues. _____
De tus o - jos la no - che y la luz De los ra - yos del sol. _____

UM CANTO DE AFOXE PARA O BLOCO DO ILE

By **CAETANO VELOSO** and
MORENO VELOSO

Lyrics

Ilê aie como você ê bonito de se ver
Ilê aie que beleza mais bonita de se ter
Ilê aie sua beleza se transforma em você
Ilê aie que maneira mais feliz de viver

UN SENTIMENTAL

By JULIO IGLESIAS, RAFAEL FERO
and RAMON ARCUSA

VALENCIA

French Words by
LUCIEN BOYER
and JACQUES-CHARLES
American Words by
CLIFFORD GREY

Music by
JOSE PADILLA

Where the or - ange trees for - ev - er scent the
In Va - len - cia long a - go we found our

breeze Be - side the sea.
Par - a - dise of love!

Va -

VAYA CON DIOS
(May God Be With You)

Words and Music by
LARRY RUSSELL, INEZ JAMES
and BUDDY PEPPER

Moderate waltz tempo

Now the ha - ci - en - da's dark____ the town is sleep - ing,____ Now the
vil - age mis - sion bells____ are soft - ly ring - ing,____ If you
dawn is break - ing through____ a gray to - mor - row,____ But the

time has come to part,____ the time for weep - ing.____
lis - ten with your heart____ you'll hear them sing - ing.____
mem - o - ries we share____ are there to bor - row.____

Va - Ya Con

Di - os, my dar - ling.____ May God be with you, my love.____ Now the
(Va - ya Con Di - os)

May God be with you my love.____
(Va - ya Con Di - os)

Wher - ev - er you may be,____

____ I'll be be - side you.____ Al - though you're man - y mil - lion dreams a -

way.____ Each night I'll say a pray'r,____ a pray'r to guide you;____

D.S. al Fine

To has - ten ev - 'ry lone - ly hour of ev - 'ry lone - ly day. Now the

VELAS

By IVAN LINS and VITOR MARTINS

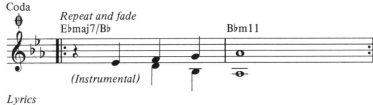

Lyrics

Seu coração é um barco de velas içadas
Longe dos mares, do tempo, das loucas marés
Seu coração é um barco de velas içadas
Sem nevoeiros, tormentas, siquer um revés

Seu coração é um barco jamais navegado
Nunca mostrou-se por dentro abrindo os porões
Seu coração é um barco que vive ancorado
Nunca arriscou-se ao vento, as grandes paixões

Nunca soltou as amarras
Nunca ficou á deriva
Nunca sofreu um naufrágio
Nunca cruzou com piratas e avantureiros
Nunca cumpriu os destinos das embarcações.

YELLOW BIRD

Words by
ALAN and MARILYN BERGMAN
Music by
NORMAN LUBOFF

VEN Y DAME UN POCO MAS

By BEBU SILVETTI and
SYLVIA IBANEZ

Lyrics

Buscando un amor sincero
Tuve aventuras que no recuerdo
Amores que en un momento
Se me borraron del pensamiento
A veces yo me creia
Que era a todas a quien queria
Y fueron todas iguales
Nada especiales, dia tras dia
Tu eras tan diferente
Que solo al verte quise tenerte
Tu eres mi vida entera

La que see espera, esa eres tu
Ven y dame un poco mas
Un poquito de tu amor
Dame un beso y la dulzura
Que ninguna antes me dio
Ven y dame un poco mas
Un poquito de tu amor
Pon tu cuerpo junto al mio
Y comparte mi calor
Teniendote siempre cerca
Todo es distinto a mi alrededor

VIESTE

By IVAN LINS and VITOR MARTINS

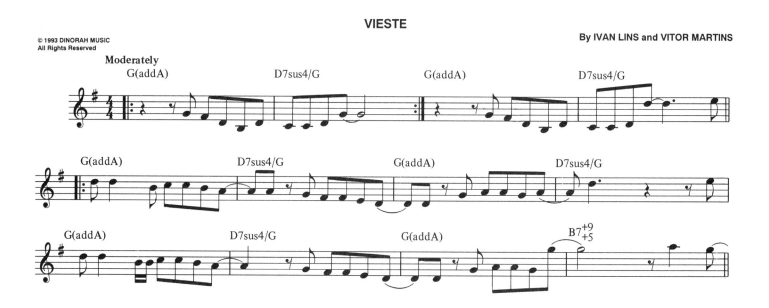

Lyrics

Vieste na hora exata
Com ares de festa
E luas de parta

Vieste com encantos, vieste
Com beijos silvestres
Colhidos pra mim

Vieste com a natureza
Com as mãos camponesas
Plantadas em min

Vieste com a cara e a coragem
Com malas, viagens
Pra dentro de min, meu amor

Vieste á hora e a tempo
Soltando meus barcos
E velas ao vento

Vieste me dando alento
Me olhando por dentro
Velando de mim

Vieste de olhos fechados
Num dia marcado
Sagrado pra mim

Vieste com a cara e a coragem
Com malas, viagens
Prá dentro de mim, meu amor

WATERS OF MARCH
(Aguas De Marco)

**Words and Music by
ANTONIO CARLOS JOBIM**

153

TUDO QUE VOCE PODIA SER

By LO BORGES and MARCIO BORGES

Lyrics

Com sol e chuva
Vocé sonhava, que ia ser melhor depois
Vocé queria ser o grande heroi das estradas
Tudo que vocé queria serr

Sei um segrédo
Vocé tem médo, só pensa agora em voltar
Não fala mais na bota e no anel de zapata
Tudo que vocé devia ser, sem médo

E não se lembra mais de mim
Vocé não quis deixar que eu falasse de tudo
Tudo que vocé podia ser, na estrada
Ah, sol e chuva na sua estrada
Mas não importa, não faz mal
Vocé ainda pensa e é melhor do que nada
Tudo que vocé consegue ser, ou nada
Mas não importa não faz mal
Vocé ainda pensa e é melhor do que nada
Tudo que vocé consegue ser, cu nada.

WAVE

Words and Music by
ANTONIO CARLOS JOBIM

WHAT NOW MY LOVE
(Orig. French Version "ET MAINTENANT")

English Lyric by
CARL SIGMAN

Original French Lyric by
P. DELANOE

Music by
G. BECAUD

THE WINO

By NEAL HEFTI

YOU MOVED ME TO THIS

Words and Music by
IVAN LINS and BRENDA RUSSELL

WHEN YUBA PLAYS THE RUMBA ON THE TUBA

Words and Music by
HERMAN HUPFELD

WHO'S IN LOVE HERE

Words and Music by
IVAN LINS, VITOR MARTINS and
BRENDA RUSSELL

YIRA! YIRA!

By ENRIQUE S. DISCEPOLO